CURIOSITÉS THÉATRALES

ODRY

ET

SES ŒUVRES

1780-1853

NOTES BIOGRAPHIQUES ET CRITIQUES

PAR

L.-HENRY LECOMTE

PARIS

CHEZ L'AUTEUR, 10, RUE DU DÔME

—

1900

—

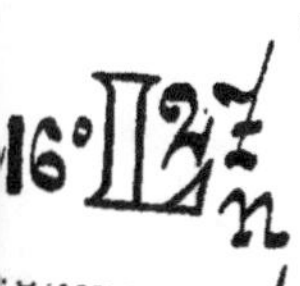

ODRY

ET SES ŒUVRES

TIRÉ A 150 EXEMPLAIRES

N° 57.

CURIOSITÉS THÉATRALES

ODRY
ET
SES ŒUVRES

1780-1853

NOTES BIOGRAPHIQUES ET CRITIQUES

PAR

L.-HENRY LECOMTE

PARIS
CHEZ L'AUTEUR, 10, RUE DU DÔME

1900

ODRY

ET SES ŒUVRES

Il existe, au théâtre, deux sortes de comiques. Les uns que rien, à première vue, ne différencie du reste des mortels, sont obligés, pour égayer leurs contemporains, de posséder toutes les finesses de l'art de dire ou de sous-entendre ; les autres, que la nature a gratifiés d'imperfections physiques, trouvent dans leur disgrâce même l'occasion de succès qui, pour être faciles, n'en sont pas moins retentissants. Il leur suffit de paraître pour que le public s'égaie, de faire un geste pourqu'il s'esclaffe, de dire un mot pour qu'il se pâme. Les directeurs se disputent ces triomphateurs inconscients, les auteurs s'ingénient pour leur composer un répertoire, et, quand ils ne sont plus, leurs noms traversent les âges avec autant d'éclat que ceux dont le talent triompha, par l'étude, de tous les obstacles.

Parmi ces amuseurs heureux, Odry tient une place justifiée par ce fait qu'il eut la gloire d'attacher son nom à l'un des trois types que créa le dix-neuvième siècle : Bilboquet, l'immortel saltimbanque. Il naquit à Versailles, le 17 mai 1780, d'honnêtes artisans. On prétend qu'il fut portier, puis savetier dans sa jeunesse, mais rien ne confirme ces dires plus ou moins ingénieux. Le seul fait certain, c'est qu'il passa quelques mois, comme saute-ruisseau, chez un huissier parisien ; mais la chicane n'avait rien pour lui plaire, et le théâtre auquel il consacrait tous ses loisirs le conquit bientôt tout entier. Après avoir couru quelque temps la banlieue, il entra comme *utilité* au théâtre de la Gaîté Il y créa, le 25 janvier 1803, le rôle de Rigolet, dans *Je vais en Russie*, vaudeville en un acte, de Dumersan, alors à ses débuts. C'est la seule trace qui reste de son passage dans cet établissement qu'il abandonna, l'année suivante, pour la Porte-Saint-Martin, où il prit possession du même emploi modeste. Nous relevons son nom, variablement orthographié, dans la distribution des dix-neuf pièces suivantes :

28 avril 1804, *les Français en Alger*, mélodrame en 2 actes, par Dumaniant, — Rôle d'Un Français;

30 juin, *le Déserteur*, ballet d'action en 3 actes, par Dauberval et Aumer, — Un officier;

4 août, *Tipoo-Saïb, ou la prise de Seringatapam*, mélodrame en 3 actes, par Gobert et Dubois, — Un soldat anglais;

5 juin 1805, *Stanislas, roi de Pologne*, mélodrame en 3 actes, par *** (J.-B. Dubois), — Lentiski;

28 juin, *la Fausse marquise*, mélodrame en 3 actes, par *** (J.-B. Dubois et Gobert), — Beaupré;

17 juillet, *le Page inconstant, ou Honni soit qui mal y pense*, ballet en 3 actes, tiré du *Mariage de Figaro*, par Dauberval et Aumer, — Bartholo;

2 octobre, *Robinson Crusoé*, mélodrame en 3 actes, par R. C. Guilbert-Pixérécourt, — James;

8 janvier 1806, *le Dénouement impromptu*, vaudeville en 1 acte, par *** (Lecraicq), — Dormont;

1er février, *Frédéric à Spandau, ou le Libelle*, mélodrame en 3 actes, par *** (Dorvo et Duperche), — Splick, Un caporal;

30 août, *l'Auteur soi-disant*, comédie en 1 acte, en vers, par Georges Duval, — Lacaze;

6 septembre, *les Frères à l'épreuve*, drame en 3 actes, par Pelletier-Volmérange, — Champagne;

20 décembre, *les Serfs de la Scandinavie*, mélodrame en 3 actes, par Hubert (avec le baron Taylor), — Astrolf;

8 janvier 1807, *les Illustres fugitifs, ou les Trois journées*, pantomime en 3 actes, par Bignon et Eugène Hus, — Wrettch;

13 janvier, *Caroline de Rosenthal*, drame en 3 actes, par Mme de Beaunoir, — Bertrand;

31 janvier, *le Devoir et la Nature*, drame en 5 actes, par Pelletier-Volmérange, — Lapierre;

26 février, *Jean de Paris*, mélodrame en 3 actes, par Marsollier, — Un garçon d'auberge;

1er mai, *Monbars l'exterminateur, ou les Derniers flibustiers*, mélodrame en 3 actes, par Aubertin et Bosquier-Gavaudan, — Zabi;

6 juin, *les Sauvages de la Floride*, ballet-pantomime en 3 actes, par L. Henry, — Un jongleur;

27 juillet, *les Deux petits savoyards*, folie-pantomime en 2 actes, par . Henry, — Un paysan.

Aucun de ces rôles accessoires ne pouvait tirer le jeune acteur de son obscurité. Quand la Porte-Saint-Martin ferma, par suite du décret impérial qui réduisit à huit le nombre des théâtres parisiens, Odry dut s'estimer heureux d'entrer, comme *utilité* toujours, aux Variétés, où l'attendait la gloire. Ses débuts, certes, n'eussent pu faire deviner un si bel avenir. Dans nombre d'ouvrages, il s'efforça vainement, pendant quatre années, d'attirer l'attention du public ; un hasard le mit en lumière. Merle et Brazier avaient fait recevoir une pièce intitulée *Quinze ans d'absence*, qui contenait un rôle de paysan balourd, imbécile et timide, que sa femme brusquait sans le laisser jamais parler ; l'acteur à qui ce rôle était destiné le refusa comme ayant trop peu d'importance, Merle l'offrit alors à Odry, qui le joua avec une telle naïveté, une telle singularité de gestes et de physionomie que d'unanimes bravos le récompensèrent. Dès ce moment les spectateurs retinrent son nom, les bons rôles lui vinrent, et, avec eux, un succès que trente ans de travaux accrurent et affermirent.

Voici la liste, dressée pour la première fois, des créations ou reprises faites aux Variétés par Odry, jusqu'au jour où le directeur crut pouvoir se passer de services qui avaient enrichi son théâtre.

1808

2 mars, *Jocrisse au bal de l'Opéra*, folie en 2 actes, par Dorvigny, — Rôle de Finet;

10 mars, *Turlupin, ou les Comédiens du* XVIe *siècle*, comédie-anecdote en 1 acte, par Désaugiers, de Rougemont et D*** (Dumersan), — Un tambour;

7 juin, *les Acteurs à l'épreuve*, vaudeville épisodique en 1 acte, par Sewrin et Chazet, — Un domestique;

4 août, *les Trois étages, ou l'Intrigue sur l'escalier*, vaudeville en 1 acte, par Désaugiers, — M. Bonnefoi;

29 août, *les Amours de Braillard, ou Tout le monde en veut*, imitation burlesque des *Amours de Bayard* en 1 acte, par Ourry et Jules M*** (Merle), — Un suisse;

22 novembre, *Lagrange-Chancel, ou le Valet dans l'embarras*, comédie-vaudeville en 1 acte, par Sewrin (avec Chazet), — Un commissaire.

1809

21 janvier, *Monsieur Chose, ou la Foire de Pantin*, folie-vaudeville en 1 acte, par *** (Dumersan et Georges Duval), — la Marchande de passe-lacets;

6 mars, *Jocrisse aux enfers, ou l'Insurrection diabolique*, vaudeville en 1 acte, par Francis et Désaugiers, — Main-de-fer;

24 avril, *Quelle mauvaise tête! ou Saint-Foix braconnier*, comédie-vaudeville en 1 acte, par A. Martainville, — Thibault;

27 mai, *Malherbe*, comédie-vaudeville en 1 acte, par Georges Duval et V*** (Vieillard), — Colletet;

15 juillet, *Un tour de Colalto*, comédie-vaudeville en 1 acte, par Moreau et Dumolard, — Muller;

25 juillet, *le Départ pour Saint-Malo, ou la Suite des Trois étages*, folie-vaudeville en 1 acte, par Désaugiers, — Bobinard;

14 novembre, *la Ferme et le Château*, comédie-vaudeville en 1 acte, par Sewrin, — Un paysan;

22 novembre, *les Bretteurs*, comédie-vaudeville en 1 acte, par Bosquier-Gavaudan et D*** (Dumersan), — Dupont.

1810

13 janvier, *le Prétendu par hasard, ou l'Occasion fait le larron*, comédie-vaudeville en 1 acte, par Antoine (Scribe), — Guillaume;

24 mars, *les Réjouissances autrichiennes*, diver-

tissement en 1 acte, par Sewrin, — Un postillon ;

27 juin, *les Commissionnaires, ou Récompense honnête*, comédie-vaudeville en 1 acte, par Ourry (avec Chazet), — M. Bellevue ;

24 septembre, *Cadet-Roussel beau-père*, comédie-parade en 2 actes, par D*** (Dumersan), — Beuglant.

1811

9 février, *les Expédients*, comédie-vaudeville en 1 acte, par Dumolard et Mario C*** (Coster), — Joseph ;

21 février, *les Hommes-Femmes*, folie-vaudeville en 1 acte, par Ourry (avec Chazet), — Niaisot ;

20 mars, *la Bonne nouvelle, ou le Premier arrivé*, vaudeville en 1 acte, par Gentil, — L'Espérance ;

13 avril, *Quinze ans d'absence*, comédie-vaudeville en 1 acte, par Merle et Brazier, — Morin ;

1er août, *les Sabines de Limoges, ou l'Enlèvement singulier*, vaudeville en 1 acte, par Ourry et Henri Simon, — Acroc ;

13 août, *le Valet ventriloque*, comédie-vaudeville en 1 acte, par Dumersan, — Robert ;

12 octobre, *la Comète*, folie-vaudeville en 1 acte, par Henri Simon, — l'Etoile ;

11 novembre, *le Petit fifre, ou la Noce flamande*, comédie-vaudeville en 1 acte, par Merle et Brazier, — Sottstein ;

2 décembre, *Une matinée d'autrefois, ou le Qui-*

proquo, comédie-vaudeville en 1 acte, par Dumersan et Merle, — Lachevrotière;

26 décembre, *la Rosière de Verneuil, ou les Roses de M. Guillaume*, comédie-vaudeville en 1 acte, par De Rougemont et Brazier, — Simon.

1812

28 janvier, — *la Famille mélomane*, comédie-vaudeville en 1 acte, par Ourry, — M. Rémi des Bouffo;

12 mars, *les Deux Matinées, ou les Sœurs de la charité*, comédie-vaudeville en 2 actes, par Dumersan, — Saint-Jean;

19 mars, *Mon cousin Lalure*, comédie-vaudeville en 1 acte, par Georges Duval et Edmond (Ancelot), — Zébédée;

22 avril, *Monsieur Crédule, ou Il faut se méfier du vendredi*, comédie-vaudeville en 1 acte, par Martainville, — Leroux;

25 avril, *Berghem et Van Ostade*, comédie-vaudeville en 1 acte, par Brazier, Dolivet et Jules (Vincent, avec Alexandre Dodé), — Carle;

28 mai, *le Ci-devant jeune homme*, comédie en 1 acte, par Brazier et Merle, — Grugeon;

2 juillet, *la Femme de chambre, ou la Vengeance d'un gascon*, comédie-vaudeville en 1 acte, par *** (Lafortelle, Moreau et Sewrin), — Josse;

13 juillet, *l'Hôtel en vente, ou Encore M. Guil-*

laume, comédie-anecdote en 2 actes, par Sewrin, — Un perruquier gascon;

23 juillet, *Une journée de garnison*, comédie-vaudeville en 1 acte, par Merle et Ourry, — Taff;

21 septembre, *Jocrisse corrigé, ou la Journée aux accidents*, comédie en 1 acte, par Sewrin, — Jean Leblanc.

1813

22 février, *Cadet-Roussel esturgeon*, folie-parade en 2 actes, par Delaligne (A.-V. Arnault et Désaugiers), — Gilles;

1er avril, *Monsieur Croque-Mitaine, ou le Don Quichotte de Noisy-le Sec*, extravagance en 1 acte, par Désaugiers, Brazier et Merle, — Bancroche;

29 juin, *Gargantua, ou Rabelais en voyage*, comédie-vaudeville en 1 acte, par Dumersan, — Janotus;

11 août, *les Intrigues de la Râpée*, comédie-vaudeville en 1 acte, par Sewrin, Dumersan et Merle, — Rataplan;

28 décembre, *le Sérail en goguette, ou le Panier de vin de Champagne*, comédie-vaudeville en 1 acte, par Lafortelle et Merle (avec Moreau), — Taher.

1814

12 mars, *la Cabale au village*, comédie-vaudeville en 1 acte, par Simonnin, — André;

24 août, *la Jeunesse de Henri IV, ou la Chaumière béarnaise*, comédie-vaudeville en 1 acte, par Merle, Brazier et Ourry, — Lambin;

1er octobre, *le Tribunal des femmes, ou les Vacances de Caudebec*, comédie-vaudeville en 1 acte, par Dumersan, — Nazillard.

1815

4 février, *Je fais mes farces*, folie-vaudeville en 1 acte, par Désaugiers, Brazier et Gentil, — Le Lièvre;

10 avril, — *le Cordier de Samarcande, ou Tout tient au bonheur*, comédie-vaudeville en 1 acte, par *** (Moreau et Lafortelle), — Hali;

14 septembre, *Jocrisse chef de brigands*, mélodrame comique en 1 acte, par Dumersan et Merle, — Roselli;

23 décembre, *les Rencontres au corps-de-garde*, comédie-vaudeville en 1 a., par Merle, Brazier et Lafortelle, — Dubelair;

1816

2 mars, *les Deux Vaudevilles, ou la Gaîté et le Sentiment*, vaudeville épisodique en 1 acte, par Merle, Brazier et Lafortelle, — Gilbert;

1er mai, *le Peintre et le Comédien, ou 7 et 2 font 3*, pièce en 1 acte, par Saint-Félix, — Subtil;

24 août, *la Saint-Louis villageoise*, comédie-

vaudeville en 1 acte, par Merle, Brazier et De Rougemont, — La Treille;

26 novembre, ***Monsieur Bon-Enfant***, comédie-vaudeville en 1 acte, par Dumersan, — André.

1817

18 janvier, ***Préville et Taconnet, ou la Comédie sur le Boulevard***, vaudeville en 1 acte, par Merle et Brazier, — Jérôme;

15 février, ***le Tyran peu délicat, ou l'Enfant de cinq ans muet et courageux***, mélodrame burlesque en 3 actes, par Dumersan, — Petro;

1er mars, *les Ci-devant rosières, ou Trente ans d'absence*, comédie-vaudeville en 1 acte, par Brazier et Dumersan, — Pierrot;

23 mars, *Rose et Bleu, ou les Deux barcelonnettes*, divertissement en 1 acte, par De Rougemont, Brazier et Merle, — Lalouette;

7 avril, *le Solliciteur, ou l'Art d'obtenir des places*, comédie-vaudeville en 1 acte, par Eugène S*** (Scribe) et *** (Dupin), — Georges;

10 mai, *le Mari sans le savoir*, comédie-vaudeville en 1 acte, par *** (Varner et Ymbert), — Dubois;

5 juin, *Figaro et Suzanne*, ballet-pantomime en 1 acte, précédé des *Comédiens bourgeois*, prologue-vaudeville, par Dumersan et Brazier, — M. Badigeon, Figaro;

5 août, *le Café des Variétés*, prologue-vaudeville en 1 acte, par Scribe et Dupin, — Moka;

29 septembre, *Werther, ou les Egarements d'un cœur sensible*, drame-vaudeville en 1 acte, par Georges Duval et Rochefort, — Fritz;

29 décembre, *l'An 1840, ou Qui vivra verra*, comédie épisodique en 1 acte, par Delestre-Poirson, Brazier et Mélesville, — Germain.

1818

14 février, *l'Obligeant, ou la Fureur d'être utile*, comédie-vaudeville en 1 acte, par Ymbert et Varner, — Moustache;

24 juin, *Une visite à Charenton*, folie-vaudeville en 1 acte, par *** (Durieu, Gersin et Henri Simon), — Ladouche;

20 juillet, *Un second Théâtre-Français, ou le Kaléidoscope théâtral*, revue en 1 acte, par *** (Carmouche, Dupin, Gabriel et Moreau), — Un costumier;

8 août, *les Deux Miliciens*, comédie-vaudeville en 1 a., par Maréchalle, — Triboulet;

5 septembre, *l'Ecole de village, ou l'Enseignement mutuel*, comédie-vaudeville en 1 acte, par Brazier, Dumersan et Delestre-Poirson, — Lucas;

14 septembre, *l'Innocente et le Mirliton*, folie-parade en 1 acte, par Gabriel, Moreau et De Rougemont, — Un trompette;

22 septembre, *le Duel et le Déjeuner, ou les Comédiens joués*, comédie-vaudeville en 1 acte, par Armand Gouffé et P. Ledoux, — Lecoq;

30 novembre, ***Dorat et Vadé, ou les Poètes à la Halle,*** comédie-vaudeville en 1 acte, par Georges Duval, Dumersan et Rochefort, — Rouget;

26 décembre, ***Sbogar***, comédie-vaudeville en 1 acte, par *** (De Rougemont, Frédéric Dupetit-Méré et Boirie), — Benetty.

1819

15 février, ***le Spectre de Graville, ou le Spectre du Mardi-Gras***, vaudeville en 1 acte, par H. Dupin, — Rousseau;

20 février, ***le Petit Pinson, ou Une nuit à Beaune***, folie-vaudeville en 1 acte, par Delestre-Poirson et Mélesville, — François;

16 mai, ***le Jardinier et son seigneur***, comédie-vaudeville en 1 acte, par Sewrin, Merle et Fr. de Courcy, — Nicolas;

25 mai, ***Cadet-Roussel barbier à la Fontaine des Innocents***, folie en 1 acte, par Aude, — Cloutier;

4 juin, ***Cadet-Roussel professeur, ou l'Ecole tragique***, comédie en 1 acte, par Aude, — Madame Grugeot;

22 juin, ***le Vieux Berger, ou les Sorciers de village***, comédie-vaudeville en 1 acte, par Brazier et Dumersan, — Pataud;

16 août, ***les Chiens enragés, ou les Coups de fusil***, vaudeville en 1 acte, par Armand Dartois et Théaulon, — Antoine;

11 septembre, ***les Bolivars et les Morillos, ou***

les Amours de Belleville, caricature en 1 acte, par Gabriel et Armand (Dartois), — Gamache;

22 novembre, *les Vêpres Odéoniennes*, parodie des *Vêpres Siciliennes* en 1 acte, par Simonnin et Armand (Dartois), — Crifort;

23 décembre, *le Pygmalion de la rue de la Lune*, comédie-vaudeville en 1 acte, par H. Dupin, — Un ferblantier;

31 décembre, *les Visites à Momus*, folie-vaudeville en 1 acte, par François, Gabriel et Armand (Dartois), — Rataplan.

1820

17 janvier, *Jocrisse somnambule*, vaudeville en 1 acte, par Brazier et Dumersan, — Jocrisse;

2 février, *l'Ennui ou le Comte Derfort*, comédie-vaudeville en 2 actes, par Eugène Scribe, Dupin et Mélesville, — Robin;

10 février, *l'Ours et le Pacha*, folie-vaudeville en 1 acte, par Eugène Scribe et Xavier (Saintine), — Marécot;

4 avril, *le Dîner de garçons*, comédie-vaudeville en 1 acte, par Ymbert et Varner (avec Scribe); — L'Eveillé;

11 avril, *Marie Jobard*, parodie en 6 actes, en vers, par Eugène Scribe, Dupin et Carmouche, — Petitlaid;

10 mai, *l'Homme automate*, folie-parade en 1 acte, par *** (Varner et Ymbert), — Mécanique;

3 juin, *l'Ermite de Saint-Avelle*, fabliau-vaudeville en 1 acte, par Mélesville et *** (Saint-Marcellin), — Blaisot;

22 juin, *les Trois vampires, ou le clair de lune*, folie-vaudeville en 1 acte, par Brazier, Gabriel et Armand (Dartois), — Larose;

3 juillet, *Gentil-Houzard*, vaudeville en 1 acte, par Théaulon et Armand Dartois, — Vincent;

8 août, *Clari à Meaux en Brie*, pantomime burlesque en 1 acte, par Brazier, Dumersan et Dartois, — Durand;

7 octobre, *les Dames de Bordeaux*, divertissement en 1 acte, par Merle, De Rougemont et Brazier, — Bouffi;

22 novembre, *l'Hôtel des bains*, tableau-vaudeville en 1 acte, par Scribe et Dupin, — Canard;

5 décembre, *le Diable d'argent*, revue en 1 acte, par Dartois, Rochefort et *** (Théaulon), — Alceste, Grossous;

28 décembre, *Monsieur Fougère, ou le Peintre du Marché aux Fleurs*, vaudeville en 1 acte, par Armand Gouffé, — Rondin.

1821

6 janvier, *le Pâris de Suresne, ou la Clause du testament*, vaudeville en 1 acte, par Gabriel et Philibert (Rozet), — Médard;

22 janvier, *les Horreurs à la mode*, vaudeville en 1 acte, par Brazier et Dumersan, — Ugolin;

22 février, *Garrick, ou le Portrait du revenant*, vaudeville en 1 acte, par Simonnin et Merle, — Trinn ;

14 mars, *le Procès, ou les Deux Anneaux*, vaudeville en 1 acte, par Ancelot et Saintine, — Babnio ;

31 mars, *la Marchande de goujons, ou les Trois bossus*, vaudeville en 1 acte, par Françis et Dartois, — Coloquinte ;

8 août, *le Nouveau Cassandre*, vaudeville en 1 acte, par Brazier et Lafontaine, — Dumont ;

18 août, *les Joueurs, ou la Hausse et la Baisse*, comédie-vaudeville en 1 acte, par Moreau, Lafortelle et Francis, — Leblond ;

1er septembre, *les Moissonneurs de la Beauce, ou le Soldat laboureur*, comédie-vaudeville en 1 acte, par Francis, Brazier et Dumersan, — Faucille ;

31 octobre, *le Dîner d'emprunt, ou les Gants et l'Epaulette*, vaudeville en 1 acte, par Décour et Ch. Hubert, — Gaillardin ;

13 décembre, *la Leçon de danse et d'équitation*, comédie-vaudeville en 1 acte, par Sewrin et Gersin, — Belledame.

1822

12 janvier, *le Comédien de Paris, ou Assaut de travestissements*, vaudeville en 1 acte, par Armand (Dartois) et Eugène (Lamerlière, avec Théaulon et Chazet), — Téobel ;

28 février, *le Bureau de nourrices*, vaudeville en

1 acte, par Georges Duval et Rochefort, — Badulard ;

16 avril, *le Matin et le Soir, ou la Fiancée et la Mariée*, comédie-vaudeville en 2 actes, par Dartois et Eugène (Lamerlière, avec Théaulon et Chazet), — Ladouceur ;

21 août, *la Servante justifiée*, pièce en 1 acte, par Brazier, Carmouche et Jouslin de Lassalle, — Gros-Jean ;

18 septembre, *les Cris de Paris*, tableau poissard en 1 acte, par Francis, Simonnin et Dartois, — Veuve Grand-Jean ;

23 octobre, *les Montagnards*, mélodrame-vaudeville en 1 acte, par Lafontaine et Gersin, — Lacoque ;

19 décembre, *Ninette, ou la Petite fille d'honneur*, comédie-vaudeville en 2 actes, par Brazier, Carmouche et Jouslin de Lasalle, — le Sénéchal ;

31 décembre, *Guillaume, Gautier et Garguille, ou le Cœur et la Pensée*, comédie-vaudeville en 1 acte, par Francis, Dartois et Gabriel, — Garguille.

1823

29 janvier, *Monsieur Oculi, ou la Cataracte*, imitation burlesque de *Valérie* en 1 acte, par Désaugiers et Adolphe (Gentil), — François ;

8 février, *le Passage du Perron*, vaudeville en 1 acte, par Francis, Dartois et Saintine, — Bonneau ;

26 février, *la Folle des Alpes*, comédie-vaudeville en 1 acte, par ***, — Duplomb ;

6 mars, *l'Aveugle de Montmorency*, comédie-vaudeville en 1 acte, par Brazier, Gabriel et Gersin, — Larose ;

19 mars, *le Faubourien, ou le Philibert de la rue Mouffetard*, comédie-vaudeville en 1 acte, par Ymbert et Varner, — Macaux ;

24 mars, *Trilby, ou le Lutin du foyer*, comédie-vaudeville en 1 acte, par Théaulon, Lafontaine et Jouslin de Lasalle, — Léperlan ;

14 avril, *les Cuisinières*, comédie-vaudeville en 1 acte, par Brazier et Dumersan, — François ;

4 juin, *l'Enfant de Paris, ou le Débit de consolations*, lithographies en action, par Francis, Dartois et Gabriel, — Duruisseau ;

6 juin, *la Petite Babet, ou les Deux Gouvernantes*, comédie-vaudeville en 1 acte, par Francis et Dartois, — François ;

8 juillet, *l'Aubergiste malgré lui*, comédie-vaudeville en 1 acte, par Brazier et Théodore (Nézel), — Flamant ;

29 octobre, *le Fabricant, ou la Filature*, comédie-vaudeville en 1 acte, par Francis et Brazier, — Baptiste ;

27 novembre, *Monsieur Barbe-Bleue, ou le Cabinet mystérieux*, folie-vaudeville en 1 acte, par Dupin et Varner, — Lacave ;

16 décembre, *les Adieux sur la frontière*, à-propos-vaudeville en 1 acte, par Brazier, Carmouche et F. de Courcy, — Don Gobez ;

26 décembre, *la Neige, ou l'Eginard de cam-*

pagne, tableau villageois en 1 acte, par Mélesville et Carmouche, — Pataud.

1824

6 janvier, *l'Ecole des Béquillards, ou Il faut des époux assortis*, imitation burlesque en 1 acte de *l'Ecole des Vieillards*, par Dumersan et Dupin, — Jean-Gille ;

2 février, *la Guinguette dramatique*, revue-vaudeville en 1 acte, par Armand (Dartois, avec Saintine), — Calembredaine ;

5 avril, *la Pénélope de la Cité, ou le Mentor de la jeunesse*, comédie-vaudeville en 1 acte, par Georges Duval, Rochefort et Jouslin de Lasalle, — Brisquet ;

27 avril, *les Ouvriers, ou les Bons enfants*, comédie-vaudeville en 1 acte, par Francis, Brazier et Dumersan, — Parisien ;

11 octobre, *les Personnalités, ou le Bureau des cannes*, vaudeville en 1 acte, par Francis, Dartois et Gentil, — Rococo ;

28 octobre, *Catherine, ou la Fille du marin*, comédie-vaudeville en 1 acte, par Sewrin et Dumersan, — Jean Balourd ;

29 octobre, *le Père Finot*, vaudeville en 1 acte, par Ch. Dupeuty, De Villeneuve et Saint-Hilaire, — Auguste ;

13 décembre, *le Grenadier de Fanchon*, vaudeville en 1 acte, par Brazier, Théaulon et Carmouche, — Pattu ;

20 décembre, *la Léocadie de Pantin*, parodie de la *Léocadie* de Feydeau en 1 acte, par Dartois, Dupin et Varner. — Galant.

1825

11 janvier, *le Valet en bonne fortune, ou les Amies de pension*, comédie-vaudeville en 1 acte, par F. Laloue et Simonnin, — François;

19 janvier, *le Compagnon d'infortune, ou les Prisonniers*, comédie-vaudeville en 1 acte, par Théaulon et Arago, — Troistours;

19 avril, *la Vieille de seize ans*, comédie-vaudeville en 1 acte, par Mélesville et Carmouche (avec Favières père), — Beausoleil;

26 mai, *les Deux Jockos*, singerie en 1 acte, par Sapajou (Armand Dartois, Gabriel et Francis), — Tremplin;

7 juin, *la Couronne de fleurs*, vaudeville en 1 acte, par Vial, Gersin et Gabriel, — Bourdon;

22 juin, *France et Savoie, ou le Pont de Beauvoisin*, comédie-vaudeville en 2 actes, par Théaulon et Dartois, — Prohibé;

10 octobre, *les Cochers*, tableau grivois en 1 acte, par Dumersan, Gabriel et Brazier, — Levaillant;

5 décembre, *le Marchand de parapluies, ou la Noce à la guinguette*, comédie-vaudeville en 1 acte, par Désaugiers, Lafontaine et E. Vanderburch, — Châtellerault.

1826

10 février, *les Trous à la lune, ou Apollon en faillite,* à-propos-folie en 1 acte, par Francis, Théaulon et Dartois, — M. de Pourceaugnac, le Mendiant de l'Ambigu;

28 février, *les Paysans, ou l'Ambition au village,* comédie-vaudeville en 1 acte, par Brazier, Dumersan et Mélesville, — Pigeonneau;

8 juin, *le Candidat, ou l'Athénée de Beaune,* comédie-vaudeville en 5 actes, par Théaulon, Francis et Dartois, — M. Doucet;

5 juillet, *les Filets de Vulcain, ou la Vénus de Neuilly,* vaudeville-ballet en 1 acte, par Brazier, Dumersan et Gabriel, — Quoiq;

10 octobre, *le Baron allemand, ou le Blocus de la salle à manger,* comédie-vaudeville en 1 acte, par Gabriel et Armand (Dartois, avec E. Vanderburch), — Schlag;

4 novembre, *les Jolis soldats,* tableau-vaudeville en 1 acte, par Francis, Théaulon et Dartois, — Belle-Boule.

1827

25 janvier, *Clara Wendel, ou la Demoiselle brigand,* comédie-vaudeville en 2 actes, par Théaulon, Dartois et Francis, — Malbotté;

10 février, *Tony, ou Cinq années en deux heures,* comédie-vaudeville en 2 actes, par Brazier, Mélesville et Carmouche, — John Biscott;

23 février, *les Turbans et les Bonnets de coton*, folie-vaudeville en 1 acte, par A. Dartois, Lepoitevin Saint-Alme et Rousseau, — Pincemaille;

7 mars, *les Passages et les Rues, ou la Guerre déclarée*, vaudeville en 1 acte, par Brazier, Gabriel et Dumersan, — Blancmanteau;

19 avril, *Cartouche et Mandrin*, comédie-vaudeville en 1 acte, par Dartois et Dupin, — Rigobert;

30 avril, *les Compagnons du devoir, ou le Tour de France*, tableau-vaudeville en 1 acte, par Lafontaine, E. Vanderburch et Etienne (Crétu), — Ferblanc;

24 mai, *les Deux Matelots, ou le Père malgré lui*, comédie-vaudeville en 1 acte, par Francis, Dartois et Théaulon, — Jean Grimpe;

5 juin, *l'Etameur, ou la Place Maubert*, vaudeville en 1 acte, par Dumersan, Brazier et Gabriel, — Lamoureux;

12 juin, *Une soirée chez M. Jocrisse*, comédie-parade en 1 acte, par Brazier et Dumersan, — Jean-Jean;

15 octobre, *la Villageoise somnambule, ou les Deux Fiancées*, comédie-vaudeville en 3 actes, par Dartois et Dupin; — Leroux;

15 novembre, *la Halle au blé, ou l'Amour et la Morale*, tableau grivois en 1 acte, par Francis, Dartois et Saint-Laurent, — François;

12 décembre, *les Contrebandiers, ou le Vieux gabelou*, tableaux-vaudeville en 3 actes, par Georges Duval et Rochefort, — Moscou;

18 décembre, *les Ventes à l'enchère*, tableau en

1 acte, par Charles (de Livry, Rochefort et Michel Masson), — le Crieur;

29 décembre, *les Dames peintres, ou l'Atelier à la mode*, tableau-vaudeville en 1 acte, par Gabriel et Saint-Laurent, — Beaubuste.

1828

12 janvier, *la Table d'hôte*, comédie-vaudeville en 1 acte, par Brazier et Dumersan, — Courtois;

26 janvier, *Jean Pacot, ou Cinq ans d'un conscrit*, vaudeville en 1 acte, par Françis et Dartois, — Jacques Croutaupot;

12 février, *le Château de M. le baron*, comédie-vaudeville en 2 actes, par Dartois, Charles (de Livry) et Adolphe (de Leuven), — Mignonnet;

3 mars, *le Caporal et le Paysan*, comédie-vaudeville en 1 acte, par Alphonse Signol et Dartois, — Théodore Dujarrié;

5 août, *l'Ecole de natation*, tableau-vaudeville en 1 acte, par Charles (de Livry), Adolphe (de Leuven) et Alphonse Signol, — Boniface;

20 août, *l'Homme incombustible*, parade en 1 acte, par Brazier, Carmouche et F. de Courcy, — Martinez;

6 septembre, *Ismarie, ou la Mort et l'Amour*, mélodrame-vaudeville en 4 tableaux et un prologue, par Oscar, R. et A. S., — Sacripant;

3 novembre, *les Français en Morée*, vaudeville en 1 acte, par Charles d'Houdetot et Jaquemart, — Ripainsel;

15 décembre, *la Veille et le Lendemain, ou Il faut bien aimer son mari*, comédie-vaudeville en 2 actes, par Francis, Armand et Achille Dartois, — Beaudry;

29 décembre, *le Voile bleu*, folie-vaudeville en 1 acte par Jules Dulong et Léopold (Chandezon, avec B. de Rougemont), — Castago.

1829

31 janvier, *le Ménage du maçon, ou les Mauvaises connaissances*, pièce dramatique en 6 journées, par Charles Desnoyer et Dubois-Davesne, — Bernard;

14 février, *les Mémoires contemporains, ou la Maison des fous*, à-propos-vaudeville en 1 acte, par Léveillé, de Charenton (Dartois et Gabriel), — Belœil;

28 février, *les Mendiants*, vaudeville en 5 tableaux, par Emile (de Rougemont), Hippolyte (Leroux) et H. Monnier, — Viard;

15 mai, *le Dernier jour d'un condamné*, époque de la vie d'un romantique en 1 tableau avec prologue, par Dartois, Masson et Barthélemy, — Bolding;

1er juin, *la Grisette mariée*, comédie-vaudeville en 2 actes, par Dartois, Vanderburch et *** (Moreau), — Joseph Bidois;

1er juillet, *Episode de 1812, ou l'Espionne russe*, comédie-vaudeville en 3 actes, par Mélesville et Carmouche, — Paternick;

4 août, *la Barrière du Combat, ou le Théâtre des animaux*, 2 tableaux mêlés de bêtes et de couplets, par Charles (de Livry), Adolphe (de Leuven) et Julien (Mallian), — Bernard, dit Goliath;

12 septembre, *le Voyage de la mariée*, imitation de *la Fiancée du roi de Garbe* en 5 tableaux, par Alphonse de L*** (Leuven), Philippe D*** (Dumanoir) et Julien de M*** (Mallian), — Joseph Lecerf;

20 octobre, *les Enragés*, tableau villageois en 1 acte, par Brazier et Dartois, — Christophe;

25 novembre, *le Comte Odry*, vaudeville en 2 actes, par Odry, — le Comte;

25 novembre, *les Précieuses ridicules*, comédie de Molière, avec un prologue, — Mascarille;

25 novembre, *Schahabaham à Paris*, à-propos en 1 acte, par ***, — Marécot.

1830

11 janvier, *Yo-You, ou les Frères Siamois*, parade en 1 acte, par Mélesville et Varner, — Sarcelles;

3 février, *le Mardi-Gras et le Lendemain, ou Vivent la joie et les pommes de terre*, esquisse en 1 acte et demi, par Saint-Laurent, Durand (Cavé) et Florentin (Dittmer), — Rodier;

9 mars, *Un tour en Europe*, cauchemar en 4 accès, avec prologue et épilogue, par Ferdinand Langlé, Charles (de Livry) et Adolphe (de Leuven) — Pochard, le Cadi, Zéro, Pumpois;

23 mars, *Hernani*, bêtise en 3 tableaux moins un, par Manœuvrier, — Hernani;

3 avril, *la Mariée à l'encan, ou le Gentil faucheur*, tableau villageois en 1 acte, par Duflot et Roche (avec Théaulon), — Magloire;

25 mai, *le Quai aux fleurs*, tableau-vaudeville en 1 acte, par Courtier et Cottreau, — Narcisse;

8 juin, *les Brioches à la mode, ou le Pâtissier anglais*, camaraderie en 2 tableaux, par Dumersan et Brazier, — Caramel;

21 juin, *l'Epée, le Bâton et le Chausson*, vaudeville en 4 tableaux, par Barthélemy, Lhérie et Léon de Céran, — Michel, dit Picheu;

24 juillet, *la Lingère du Marais, ou la Nouvelle Manon Lescaut*, vaudeville en 3 actes, par Dupin et Achille (Dartois) — Saint-Gervais;

15 octobre, *Napoléon à Berlin, ou la Redingote grise*, comédie-vaudeville en 1 acte, par Dumersan et Dupin, — Bitterbrack;

22 octobre, *la Coalition*, tableau populaire en 1 acte par Mélesville et Carmouche, — Colignon;

17 décembre, *les Saint-Simonnistes de la rue des Prêcheurs*, conférence mêlée de bêtises, par De Rougemont, Brazier et F. de Courcy, — Simon;

31 décembre, *les Variétés de 1830*, revue en 1 acte, par De Rougemont, Brazier et F. de Courcy, — Musico, le Dieu et la Bayadère.

1831

5 février, *Monsieur Cagnard, ou les Conspirateurs*, folie-vaudeville en 1 acte, par Dumersan et Brazier, — Cagnard;

14 avril, *Fifi Lecoq, ou Une visite domiciliaire*, anecdote-vaudeville en 1 acte, par Philippe (Dumanoir) et Antonin (Davrecour), — Fifi Lecoq;

10 mai, *l'Amphigouri*, salmis dramatique en 4 actions, par Brazier et Dumersan, — Un bourgeois, Caligula, Un tigre;

25 juin, *Monsieur Chapolard, ou le Lovelace dans un grand embarras*, comédie-vaudeville en 1 acte, par Duvert, Lauzanne et Paulin (Paul Duport), — Chapolard;

13 juillet, *les Comités révolutionnaires*, comédie en 3 actes, par Ducancel, — Torquatus;

27 juillet, *les Peuples au cabaret, ou Chacun son écot*, scènes contemporaines en 1 acte, par Dumersan, — John Bull;

14 août, *la Grisette mariée*, comédie-vaudeville en 1 acte, par Dartois, Vanderburch et Moreau, — Joseph Didier;

18 août, *l'Idiot*, tableau villageois en 1 acte, par Dumersan et Brazier, — Pilou;

29 août, *Gothon du passage Delorme*, imitation de *Marion Delorme* en 5 endroits et en vers, par Dumersan, Brunswick et Céran, — Crédier;

5 octobre, *le Chevreuil, ou le Fermier anglais*,

comédie-vaudeville en 3 actes, par Léon *** (Halévy) et Jaime, — John;

10 décembre, *le Fossé des Tuileries*, revue-vaudeville en 1 acte, par Philippe D*** (Dumanoir), Julien de M*** (Mallian) et Lhérie, — Robert-le-Diable, la Conférence de Londres;

29 décembre, *la Girouette anglaise*, comédie-vaudeville en 1 acte, par Achille Dartois, — Bull;

1832

19 janvier, *le Pygmalion du faubourg Saint-Antoine, ou le Mouleur en plâtre*, vaudeville en 1 acte, par Dumersan et Brazier, — Pygmalion;

19 janvier, *Monsieur de Pourceaugnac*, comédie en 3 actes, par Molière, — Pourceaugnac;

7 février, *Folbert, ou le Mari de la cantatrice*, comédie-vaudeville en 1 acte, par Léon (Halévy), Jaime et Jules (De Saint-Georges), — Folbert;

20 février, *Madame Gibou et Madame Pochet, ou le Thé chez la ravaudeuse*, pièce grivoise en 3 actes, par Dumersan, — Madame Gibou;

14 avril, *Une mère*, pièce en 2 actes et 4 tableaux, par De Saint-Georges et Achille Dartois, — le Duc;

20 juin, *la Reine de Siam, ou le n° 250*, drame-vaudeville en 1 acte, par Dupin, Mallian et Dumanoir, — Toumerlan;

30 juin, *les Deux font la paire*, comédie-vaudeville en 1 acte, par Bayard et Varin, — Japonneau;

16 octobre, *le Marchand de peaux de lapin, ou*

le Rêve, invraisemblance en 3 parties par Duvert et Lauzanne, — Jonathas;

9 novembre, *Coquille*, parodie de *Clotilde* en 3 actes, en vers, avec prologue et épilogue, par Dumersan et Brazier, — Le Drame moderne;

22 décembre, *Grillo, ou le Prince et le Banquier*, comédie-vaudeville en 2 actes, par Léon Halévy, A. de Leuven et Jaime, — Micheli.

1833

2 février, *les Fileuses*, comédie-vaudeville en 1 acte, par Léon (Halévy), Mallian et Jaime, — Nick;

12 février, *le Baptême du petit Gibou, ou Madame Pochet marraine*, pièce grivoise en 2 actes, par Dumersan et Jaime, — Madame Gibou;

14 mai, *Maris à vendre, ou les Dispenses anglaises*, comédie-vaudeville en 1 acte, par Carmouche et F. de Courcy, — Jemkin;

27 mai, *Monsieur Mouflet, ou le Duel au 3e étage*, comédie-vaudeville en 1 acte, par Léon (Halévy) et Jaime (avec Achille Dartois), — Mouflet;

3 août, *l'Assassin*, folie-vaudeville en 1 acte, par Lauzanne et Jaime (avec Achille Dartois), Giraud;

21 août, *la Salle de bains*, vaudeville en 2 actes, par Alexis Decomberousse et Benjamin (Antier), — Gago;

5 septembre, *les Actualités*, vaudeville épisodique en 1 acte, par Dumersan et Brazier, — Colin-Tampon;

12 décembre, *le Sauveur*, comédie-vaudeville en 5 actes, par Léon Halévy et Lhérie, — Antinoüs ;

31 décembre, *le Magasin pittoresque*, revue en 15 livraisons, par Ch. Dupeuty, F. de Courcy et Maurice Alhoy, — Boukoulinoff, Picpus.

1834

21 janvier, *les Fleuristes*, ballet dialogué en 1 acte, par Dumersan, — Gogimard ;

31 mars, *les Boutiquiers*, comédie-vaudeville en 2 actes, par Dumersan (avec Achille Dartois), — Marquis ;

19 avril, *l'Aiguillette bleue*, vaudeville en 3 actes, par Jaime et Michel Masson (avec Achille Dartois), — Nicolas Joliet ;

24 mai, *la Loterie à la mode*, intermède-vaudeville en 1 acte, par Vanderburch et Brunswick, — Bahutier ;

25 novembre, *Monsieur de Malborough*, drame fantastique et burlesque en 3 actes et 4 tableaux, par Dumersan, — Malborough.

1835

14 janvier, *l'Autorité dans l'embarras*, comédie-vaudeville en 1 acte, par Alexis Decomberousse et Jaime, — Patoche ;

27 février, *la Fille de Robert Macaire*, mélo-

drame comique en 2 actes, par Mallian et Barthélemy, — Robert Macaire;

21 mars, *la Bande joyeuse*; vaudeville en 1 acte, par Dupin et Achille Dartois, — Bontemps.

A cette époque M. Armand Dartois, directeur des Variétés, modifiant le genre de son théâtre, substitua aux pièces populaires et grivoises, qui avaient jusque-là fait recettes, la comédie de boudoir et le drame de salon. Odry ne pouvait se prêter aux façons des personnages évoqués par les Marivaux et les La Chaussée du boulevard Montmartre ; méconnaissant le talent déployé dans ses dernières créations, vraies, comiques et originales, on le déclara vieilli, et, son engagement expiré, on ne le renouvela pas. Comme les célébrités sans emploi, Odry alla d'abord exploiter en province son joyeux répertoire, puis Paris le rappela pour lui confier de nouveaux rôles. Il parut aux Folies-Dramatiques dans *Coquelicot*, vaudeville en trois actes, par Cogniard frères (14 janvier 1836), et dans Alcibiade, de *l'Homme à femmes*, comédie-vaudeville en cinq actes, par Charles Dupeuty et Frédéric de Courcy (11 mars). Le 14 juin de la même année il jouait, à la Porte-Saint-Martin, Saturnin, dans *le Sabotier ambitieux*, drame comique en quatre actes et cinq tableaux, par Dumersan et Théodore Nézel. Ces trois pièces réussirent, mais sans faire oublier à l'acteur le public qui l'avait si longtemps applaudi. Or si les Folies et la Porte-Saint-Martin ne remplaçaient qu'imparfaitement pour lui les Variétés, le directeur de ce théâtre reconnaissait, de son côté, que l'éviction d'Odry avait été non seulement une injustice mais une maladresse ; il s'ensuivit qu'après une apparition de quelques jours au Palais-Royal, Odry rentra, le 23 juillet 1836, aux Variétés dans *Madame Gibou et Madame Pochet* et dans *l'Ours et le Pacha*. Force fut bien alors d'avouer qu'il n'avait rien perdu de son talent et de son influence; il en devait donner la preuve dans une série de créations nouvelles, considérées comme ses meilleures :

31 décembre 1836, *Carmagnole, ou les Français sont des farceurs*, épisode des guerres d'Italie en 1 acte, par Théaulon, De Forges et Jaime, — Rôle de Carmagnole.

1837

19 janvier, *Nathalie*, comédie-vaudeville en 1 acte, par Saint-Hilaire et Paul Duport, — Kraps ;

11 avril, *Crouton chef d'école, ou le Peintre véritablement artiste*, tableau-vaudeville en 1 acte, par Théaulon, Gabriel et F. de Courcy, — Crouton ;

10 juin, *la Femme à François*, vaudeville en 1 acte, par Brazier et Varner, — François.

1838

25 janvier, *les Saltimbanques*, comédie-parade en 3 actes, par Dumersan et Varin, — Bilboquet ;

24 avril, *la Voix de Duprez, ou le Sirop musical*, vaudeville en 1 tout petit acte, par Odry, — Gorenflot ;

10 mai, *A bas les hommes!* vaudeville en 2 actes, par Cogniard, Jaime et Deslandes, — Mouton ;

16 mai, *Monsieur Gogo à la Bourse*, vaudeville en 1 acte, par Bayard, — Bilboquet ;

16 décembre, *le Sosie d'Odry*, vaudeville en 1 acte, par Odry, — Beaucuir ;

31 décembre, *le Puff*, revue en 3 tableaux, ornée de *Ruy-Blag*, parodie en prose rimée de *Ruy-Blas*, par Carmouche, Varin et Huard, — Ruy-Blag.

1839

6 avril, *la Canaille*, comédie-vaudeville en 3 actes, par Dumersan et Dumanoir, — Picpus, dit Belhomme;

31 mai, *les Floueurs, ou l'Exposition de la flibusterie frrrançaise*, parade en 1 acte, par Ferdinand Langlé et Charles Dupeuty, — Carotin;

17 décembre, *les Maquignons, ou le Marché aux chevaux*, vaudeville en 2 actes, par Rochefort et Ferdinand Langlé, — Gourand.

1840

20 janvier, *Trois épiciers*, vaudeville en 3 tableaux, par Lockroy et Anicet Bourgeois, — Lapie;

6 avril, *la Nouvelle Geneviève de Brabant*, drame burlesque en 2 actes, par Xavier (Saintine), Duvert et Lauzanne, — Rigobo;

13 mai, *la Marchande à la toilette*, comédie-vaudeville en 2 actes, par Bayard et Léon Picard, — Kardoff.

1841

13 mars, *le Mari de sa cuisinière*, comédie-vaudeville en 2 actes, par Lockroy (avec Rosier), — Jules Tourniquet.

Odry avait alors passé la soixantaine.

Bien que le public lui fît toujours fète et que la presse lui fût constamment favorable, il crut sage de quitter le théâtre avant que l'âge eût affaibli ses moyens et compromis le renom acquis par ses nombreux travaux. Le 17 avril 1841 il parut pour la dernière fois, aux Variétés, dans une représentation à son bénéfice, composée d'un acte du *Chevreuil*, de la scène du *Poisson*, d'une *Dissertation sur le puits artésien* et des *Saltimbanques*. La recette grossit de 7,000 francs les économies qu'Odry avait prudemment faites, et au moyen desquelles il était devenu propriétaire d'une maison de ville rue Saint-Claude, au Marais, et d'une maison de campagne sur les hauteurs de Courbevoie. C'est à Courbevoie que l'acteur retraité s'installa et, pour ne pas rester oisif, ouvrit un restaurant où ses clients s'amusaient à l'entendre débiter, d'une façon bizarre, les menus quotidiens; c'est là qu'il mourut, à peu près oublié, le 28 avril 1853.

Odry, nous l'avons dit, ne devait rien à

l'art. C'était un comique à part, un bouffon *sui generis* comme le furent, à la même époque, Brunet, Tiercelin et cet Arnal qu'on applaudissait encore aux derniers jours du second empire. Il ne suivait que son instinct et jouait d'inspiration, en dehors de tout système. Naïf jusqu'à la brutalité, burlesque jusqu'au délire, mais observateur quand même, il arrivait, à force de verve et d'originalité, à frapper fort et juste. Il avait une diction et des gestes à lui. Sa voix saccadée par la répétition fréquente des mêmes mots, l'étrangeté grotesque de son rire, son tremblement de jambe et d'épaules, sa laideur accentuée par un nez triangulaire, étaient des choses d'un comique indéfinissable. Il parodiait avec bonheur les tragédiens, les chanteurs, les danseuses même de son temps, causait souvent au public à la fin de ses rôles, et, quand on le rappelait, excitait un fou rire en disant, la bouche grande ouverte et la main sur son cœur : « Vous êtes des *gâte-Odry* ». — Ce n'est là qu'un échantillon des lazzis et des calembours dont il émaillait les livrets des autres et ses propres ouvrages.

Chez Odry l'homme n'était pas moins original que le comédien ; il racontait à la ville, avec un sérieux des plus plaisants, les folies les plus inconcevables. Ses contes du *Trésor*, des *Deux Moulins*, des *Bouchons d'amour*, et son histoire des *Deux Forçats*, débutant par un *Pour lors !...* épique, firent longtemps la joie de ses contemporains. Ce n'était là que de la prose, et les libraires du temps ne crurent pas devoir la recueillir. Il n'en fut pas de même pour les vers composés par Odry. En 1820 paraissait, chez Huet et Barba, une brochure intitulée *les Gendarmes*, poème en deux chants, par M. Odry, suivi de notes, remarques et commentaires par M. Léonard Tousez (in-8 de 16 pages). Cinq ans plus tard, deuxième édition des *Gendarmes*, enrichie du *Canon des cuisinières* (Mars, Ponthieu, Brunet, in-8 de 22 pages). En 1826, troisième et dernière édition, augmentée du *Conscrit de Corbeil*, romance, et précédée d'une Epître à M. Odry, par M. E. Arnal (le tout sous le titre de *Chefs-d'œuvre d'Odry*, au Palais-Royal, chez les libraires qui tiennent la haute littérature, in-32 de 48 pages.)

Le succès considérable de cette légende hilarante, tirée à soixante mille exemplaires, devait encourager les éditeurs à mettre au jour les productions subséquentes du comédien-poète. On vit successivement paraître :

Trois Messéniennes, par M. Odry, enrichies de notes brillantes rédigées par M. P. F. S. G. K. Z, Paris : Au foyer des Variétés et chez tous les marchands de nouveaux thés, 1824, in-8 de 43 p.;

Complainte sur Clara Wendel, fameuse femme brigand arrêtée en Suisse, par M. Odry, Paris : Hubert, 1826, in-8 de 8 pages;

Les Cornichons, couplets chantés sur le théâtre des Variétés, par M. Odry, Paris : l'Editeur, 1830, in-8 de 4 pages;

La Voix de Duprez, ou le Sirop musical, vaudeville en un tout petit acte, par M. Odry, représ. sur le th. des Variétés le 24 avril 1838, Paris : Barba, 1838, in-8 de 16 pages.

Ces brochures se vendirent sans qu'Odry en tirât profit ou gloire. Il ne s'est jamais, en effet, reconnu l'auteur que des *Gendarmes*, et les recherches des bibliographes permirent plus tard d'attribuer les *Trois Messéniennes* à Louis Montigny, *la Complainte de Clara Wendel,* à Dumersan, *le Comte Odry* (joué le 25 novembre 1829, non imprimé) à Jouslin de Lasalle, Vanderburch et Ymbert, *les Cornichons* à Achille Dartois, *la Voix de Duprez* à Ferdinand Langlé et G. de Lurieu, *le Sosie d'Odry* enfin (représenté le 16 décembre 1838, non publié) à E. Jaime, Armand Dartois et Théaulon. Il n'y a donc pas lieu d'insister sur des fantaisies plus ou moins littéraires dont Odry fut, à son corps défendant, l'éditeur bénévole.

Odry et ses œuvres prétendues furent, à diverses dates, l'objet de publications aujourd'hui rarissimes.

1° *A M. Odry, à l'occasion de ses soi-disant Messéniennes*, boutade en vers, Paris : Imprimerie David, sans date (1824), in-12 de 5 pages, — critique brutale, injurieuse, que son anonymat préserva de justes représailles;

2° *Odryana, ou la Boîte au gros sel,* recueil complet des bons mots, saillies, rébus, charges, coq-à-l'âne, etc., etc., de M. Odry, artiste du théâtre des Variétés, suivie d'une Historiette farcie d'équivoques, attribuée à l'auteur des *cinq, six bons gendarmes,* Paris : Librairie française et étrangère, 1825, in-18 de 212 pages, — recueil fantaisiste de calembredaines dont l'auteur même, dans son avant-propos, n'osa charger le comédien qui lui avait fourni surtout un titre;

3° *Epître à Odry sur le bonheur des gens de lettres,* pour faire suite aux épîtres de M. Casimir Delavigne à Lamartine, et de M. Lamartine à M. Casimir Delavigne, par M. L. B. Paris : Delaunay, Farcy, l'Auteur, 1826, in-8 de 16 pages, — facétie flatteuse pour le destinataire;

4° *Dernières paroles d'Odry à son fils, sur le choix d'une profession,* recueillies et publiées par J. Meifred, artiste, Paris : Gouas, 1853, in-8 de 4 pages, — calembours rimés auxquels Odry mort servit d'enseigne comme Odry vivant l'avait fait pour des œuvres plus importantes.

Nous avons dit que *les Gendarmes,* seuls, avaient été paternellement reconnus par Odry; c'est donc ce *poème* que nous reproduirons d'abord, pour donner une idée du faire de l'auteur; mais son peu de longueur nous décide à lui joindre deux pièces qui, pour manquer d'authenticité, n'en sont pas moins curieuses. Elles brillent, comme *les Gendarmes*, par la naïveté des sentiments, le sans-façon de la langue, et sont chantées encore dans certaines de nos provinces. Ces trois *chefs-d'œuvre* conserveront le nom d'Odry plus que les *deux cent quatre-vingt-deux rôles* de son répertoire, car ce répertoire, comme tous ceux ajustés sur les qualités physiques d'un acteur, est à peu près mort avec celui qui le créa. Seuls *le Chevreuil*, *Madame Gibou*, *les Trois Epiciers*, *les Saltimbanques*, subsistent; les directeurs les montent, aux heures de pénurie, de façon à nous faire regretter le temps où les bouffons brillaient ailleurs qu'au firmament politique, et faisaient rire, de ce bon gros rire qui console, un public qui avait, moins que nous, besoin d'être égayé.

L.-Henry Lecomte.

LES GENDARMES

POÈME EN DEUX CHANTS

CHANT PREMIER

Air : *de Jadis et Aujourd'hui.*

Y avait un' fois cinq, six gendarmes,
Qu'avaient des bons rhum's de cerveau,
Il s'en va chez des épiciers
Pour avoir de la bonn' réglisse ;
L'épicier donn' des morceaux d' bois
Qu'étaient pas sucrèses du tout,
Puis il leur dit : Sucez-moi ça,
Vous m'en direz des bonn's nouvelles.

CHANT SECOND

Les bons gendarmes suce et resucent
Les morceaux d' bois qu'est pas sucré;
Il s'en va chez les épiciers :
Epicier, tu nous as trompés.

L'épicier prend les morceaux d' bois,
Il les fourr' dans la castonnade ;
Les bons gendarm' n'a plus eu d' rhumes,
Ils ont vécu en bonne intelligence.

LE

CANON DES CUISINIÈRES

DÉPART DU GUERNADIER

1er COUPLET.

Guernadier, que tu m'affliges
En m'apprenant ton départ; } *Bis.*
Vas dire à ton capitaine
Qu'il te laisse en nos cantons,
Que j'en serais
Ben aise,
Contente,
Ravie,
De t'avoir en garnison. } *Bis en chœur.*

2e COUPLET.

Ma Fanchon, sois-en ben sûre,
Je ne t'oublîrai jamais; } *Bis.*

C'est un amant qui te l' jure :
Et crois ben qu'il n'aura pas
Le cœur assez
Capable,
Barbare,
Perfide,
D'oublier tous tes attraits.
} *Bis en chœur.*

3e COUPLET.

Guernadier, puisque tu quittes
Ta Fanchon, ta bonne amie,
} *Bis.*
Tiens, voilà quatre chemises,
Cinq mouchoirs, un' pair' de bas :
Sois-moi toujours
Fidèle,
Constant,
Sincère,
Je ne t'oublîrai jamais.
} *Bis.*

LE

CONSCRIT DE CORBEIL

ROMANCE

1er COUPLET.

C'était un fileux d' Corbeil, } *Bis en chœur.*
Qu'on n'a pas vu son pareil : }
Avant d'être au régiment,
  Au régiment, ent, ent,
    Au régiment,
Avant d'être au régiment
Il avait un attach'ment.

2e COUPLET.

S'en va dire à sa maman, } *Bis en chœur.*
Je pars insensiblement : }
Dit's à ma tant' que son n'veu,
  Que son neveu, eu, eu,
    Que son neveu,
Dit's à ma tant' que son n'veu
  A é-u l' numéro deux.

3e COUPLET.

Qu' si Charlott' vient m' demander, } *Bis.*
Dit's lui que j' sui t'occupé,
Qu'ell' me gard' son cœur, sa foi,
Son cœur sa foi, oi, oi,
Son cœur, sa foi,
Qu'ell' me gard' son cœur, sa foi,
Si ça se peut quelquefois.

4e COUPLET.

Dit's encor' aux compagnons } *Bis.*
Que le fileur de coton,
Qu'a filé bonnets et bas,
Bonnets et bas, as, as,
Bonnets et bas,
Qu'a filé bonnets et bas,
Devant l'enn'mi n' fil'ra pas.

Imprimerie générale de Châtillon-s-Seine. — A. Pichat.

CURIOSITÉS THÉATRALES

PAR

L.-HENRY LECOMTE

En Vente :

TALMA EN PARADIS,
MARIE DORVAL AU GYMNASE,
ODRY ET SES ŒUVRES.

En préparation :

DÉJAZET ET SA COUR,
BOUFFÉ ET SES MÉMOIRES,
MADEMOISELLE GEORGE,
ARNAL ET SA CORRESPONDANCE,
BÉRANGER AUTEUR DRAMATIQUE,
LE DINER DES P'TITS AGNEAUX, etc.

DU MÊME AUTEUR. — Sous presse :

NAPOLÉON ET L'EMPIRE

RACONTÉS PAR LE THÉATRE

Un fort volume in-8 . . . .

Imprimerie Générale de Châtillon-sur-Seine. — A. PICHAT.

www.ingramcontent.com/pod-product-compliance
Lightning Source LLC
LaVergne TN
LVHW012000160826
845678LV00002B/635

* 9 7 8 2 3 2 9 6 7 8 0 2 3 *